ARRÊTS

DÉCRETS ET ORDONNANCES

RELATIFS

A L'AFFAIRE LIBRI

PARIS

PANCKOUCKE, RUE DES POITEVINS, 14

—

1851

ARRÊTS

DÉCRETS ET ORDONNANCES

RELATIFS

À L'AFFAIRE LIBRI

PARIS

PANCKOUCKE, RUE DES POITEVINS, 14

1851

Nota. Les quatre pages intitulées *Affaire Libri*, et qui
ont paru précédemment, doivent être intercalées en regard
de cet *Avis*.

PARIS. — TYPOGRAPHIE FANCKOUCKE, RUE DES POITEVINS, 8 ET 14.

AFFAIRE LIBRI.

COUR D'ASSISES DE LA SEINE.

Présidence de M. Vergès.

Audience du 10 août 1850.

M. le procureur général expose que Guillaume-Brutus-Icilius-Timoléon de Libri-Carrucci d'Alla Sommaja, a été comdamné par contumace le 22 juin dernier (voyez l'Acte d'accusation inséré au *Moniteur* du 3 août, et l'édition in-8° qui en a été extraite), à une peine afflictive et infamante, dix ans de réclusion, pour détournement de livres au préjudice des bibliothèques de l'Etat; que, depuis, on a reconnu que Libri avait été nommé le 2 juin 1837 chevalier de la Légion d'honneur; qu'en présence de la peine qui l'a frappé il ne peut plus faire partie de l'ordre; qu'en conséquence il y a lieu, sur la réclamation de M. le grand chancelier de la Légion d'honneur, en date du 27 juillet dernier, de lui faire application des art. 53 et 58 de la loi du 28 mars 1816, et à prononcer contre lui la formule de dégradation.

Libri n'ayant pas répondu, l'arrêt a été prononcé en son absence.

La cour a déclaré Libri indigne de faire partie de la Légion d'honneur, et l'en a dégradé par son arrêt, par application des art. 53 et 58 de la loi du 28 mars 1816.

TRIBUNAL CIVIL DE LA SEINE.

Présidence de M. Debelleyme.

Audience des référés du 13 août 1850.

On sait que, sur l'avis officieux qui lui fut transmis par un billet de M. Terrien, rédacteur du *National,* à une séance de l'Institut, M. Libri quitta furtivement la France pour se réfugier à Londres.

Une instruction criminelle fut aussitôt commencée, et l'un de ses premiers actes fut l'apposition des scellés au domicile de M. Libri, à la Sorbonne.

La rapidité de la fuite du contumax ne lui permit pas de faire enlever les meubles meublants, tableaux, objets d'art et de curiosité d'une valeur considérable qui garnissaient son magnifique appartement de la Sorbonne, et qui furent dès lors mis sous la main de la justice.

Depuis son évasion à Londres, M. Libri a épousé Mme Jeanne-Charlotte-Mélanie Double, fille de feu M. le docteur Double, praticien distingué, et veuve en premières noces de M. Athénodore Collin.

Les conditions civiles de leur union ont été réglées sous le régime de la séparation de biens, par-devant le chancelier de l'ambassade de France à Londres, et le contrat déposé pour minute en l'étude de Me Turquet, notaire à Paris, le 25 avril 1850.

Par un autre acte, en date du 24 avril même année, et déposé également en l'étude de Me Turquet, le 27 avril 1850, M. Libri a fait donation entre-vifs et irrévocable à sa nouvelle épouse de tous les objets lui appartenant, à Paris, et qu'il n'avait pu emporter dans sa fuite.

Enfin, par arrêt de la Cour d'assises de la Seine, rendu à la date du 22 juin 1850, M. Guillaume-Brutus-Icilius-Timoléon de Libri-Carrucci d'Alla Sommaja, membre de l'Institut de France, professeur en Sorbonne et chevalier de la Légion d'honneur, a été condamné à dix années de réclusion et déchu de ses titres et emplois.

L'administration des domaines se trouvait dès lors investie de droit du séquestre et de l'administration des biens du condamné.

Mais Mme Libri s'est présentée, et, par exploit de Brisset, huissier à Paris, en date du 11 juillet 1850, a fait sommation à l'administration des domaines d'avoir à lui remettre tous les objets appartenant à M. Libri, qui sont devenus sa propriété par l'effet de la donation à elle faite.

Cette sommation étant restée infructueuse, Mme Libri, se prévalant de la donation précitée et d'un jugement de la chambre du conseil de la 1re chambre du tribunal de la Seine, du 3 août 1850, qui l'a autorisée dans la poursuite de ses droits et à ester en justice, a fait introduire un référé pour demander par provision la levée des scellés apposés à la requête de la justice criminelle, et qu'il fût, par le ministère de Me Turquet, notaire à Paris, procédé à la confection d'un inventaire régulier, avec distinction des objets compris dans la donation faite à Mme Libri. Elle concluait en outre à être autorisée par l'ordonnance à se mettre en possession des objets par elle réclamés.

Après avoir entendu Me Lacroix pour Mme Libri, et Me Denormandie, avoué de M. le directeur de l'enregistrement et des domaines, M. le président Debelleyme a rendu l'ordonnance suivante :

« Attendu que les scellés apposés actuellement au domicile de Libri sont ceux qui ont été mis au cours de l'instruction criminelle suivie contre Libri;

« Que le domaine déclare être étranger à ladite apposition et se réserve de faire mettre de nouveaux scellés en sa qualité de séquestre et dans les termes ordinaires;

« Qu'il y a toutefois lieu de régler dès à présent les opérations qui seront lors faites;

« Donnons acte au domaine de toutes les réserves qu'il déclare faire contre la qualité prise par la dame Libri et contre tous les actes dont elle excipe;

« Disons qu'après la levée des scellés qui sera faite par le parquet, et après l'apposition des nouveaux scellés par lesquels le domaine se propose de faire remplacer ceux précédemment apposés, il sera procédé à la levée desdits nouveaux scellés;

« Disons que cette opération de levée de scellés aura lieu à la requête du domaine, comme les ayant fait apposer, en présence de ladite dame Libri;

« Ordonnons qu'au fur et à mesure de ladite levée, il sera fait inventaire de tous les objets généralement quelconques qui se trouveront dans les lieux, et à la requête collective de la dame Libri et de l'administration des domaines, pour être ledit inventaire fait par distinction; tous droits et moyens des parties réservés;

« Disons qu'en cas de difficultés au cours desdites opérations il nous en sera référé. »

COUR D'APPEL DE PARIS (1re chambre).

Présidence de M. Rolland de Villargues,
conseiller doyen.

Audience du 16 août 1850.

La cour fait, sur le réquisitoire de M. l'avocat général Metzinger, donner lecture d'un arrêté du conseil de l'Université, du 12 juillet 1850, rendu contre M. Libri, professeur de la faculté des sciences. Cet arrêt est ainsi conçu :

« Le conseil de l'Université,

« Ouï le nouveau rapport sur M. Libri, professeur à la faculté des sciences de Paris;

«Attendu que M. Libri, condamné par contumace à la peine de dix ans de réclusion, par arrêt de la cour d'assises de la Seine, du 22 juin 1850, et rayé provisoirement du tableau de l'Université par arrêté du conseil rendu le 5 de ce mois, en conséquence de ladite condamnation et par application de l'art. 163 du décret du 11 novembre 1811, a abandonné ses fonctions depuis plus de deux ans et a persisté dans cet abandon, quoiqu'il ait été mis plusieurs fois en demeure de les reprendre, notamment par les décisions de M. le ministre de l'instruction publique, du 9 novembre 1849 et du 12 avril 1850, qui refusent les demandes de congé formées par ce professeur;

« Attendu que cette désobéissance place M. Libri, ainsi qu'il en a été itérativement prévenu, dans le cas prévu par l'article 69 du décret du 15 novembre 1811, ainsi conçu : « Le « membre de l'Université qui abandonne ses fonctions, sans «avoir observé les conditions exigées par l'article 43 du décret « du 17 mars 1808, sera rayé du tableau de l'Université, con-«formément à l'article 44 du même décret. »

« Faisant application dudit article 69 à M. Libri,

« Arrête :

« M. Libri, professeur à la faculté des sciences de Paris, est rayé du tableau de l'Université.

« Fait et jugé à Paris, le 12 juillet 1850, en séance du conseil de l'Université, où étaient présents : MM. Thénard, chancelier, président; Orfila, Dubois, Saint-Marc-Girardin, Poinsot, Girard, conseillers titulaires; Guigniaut, secrétaire général du conseil; Dutrey, Boudart, Cayx, Le Clerc, Pellat, Ortolan, conseillers ordinaires. »

La cour, prononçant par défaut contre M. Libri, a donné acte de cette lecture, conformément à l'art. 148 du décret du 15 novembre 1811.

Paris. — Typographie Panckoucke, rue des Poitevins 8 et 14.

AU NOM DU PEUPLE FRANÇAIS.

Le Président de la République,

Vu l'arrêt de la Cour d'assises de la Seine en date du 22 juin 1850 ;

Considérant que M. Libri, professeur au collége de France, et membre de l'Institut, a abandonné sa chaire dès le 28 février 1848 ;

Sur le rapport du ministre de l'Instruction publique et des Cultes,

Décrète :

Art. 1er. La chaire de mathématiques du collége de France, occupée par M. Libri est déclarée vacante.

Art. 2. Les sommes restées disponibles jusqu'à ce jour sur le traitement de M. Libri feront retour au trésor public.

Art. 3. Le ministre de l'Instruction publique et des Cultes est chargé de l'exécution du présent décret.

Fait à l'Élysée-National, le 1er septembre 1850.

LOUIS-NAPOLÉON BONAPARTE.

Le ministre de l'Instruction
publique et des Cultes,

E. DE PARIEU.

AU NOM DU PEUPLE FRANÇAIS.

Le Président de la République,

Vu l'arrêt de la Cour d'assises du département de la Seine, en date du 22 juin 1850 ;

Vu la lettre de l'Académie des sciences, en date du 20 août suivant ;

Considérant que M. Libri, membre de l'Institut, a quitté la France dès le 28 février 1848 ;

Sur le rapport du ministre de l'Instruction publique et des Cultes,

Décrète :

Art. 1er. Le siége occupé à l'Académie des sciences, section de géométrie, par M. Libri, est déclaré vacant.

Art. 2. Les sommes restées disponibles jusqu'à ce jour sur les indemnités de M. Libri feront retour au trésor public.

Art. 3. Le ministre de l'Instruction publique et des Cultes est chargé de l'exécution du présent décret.

Fait à l'Élysée-National, le 1er septembre 1850.

LOUIS-NAPOLÉON BONAPARTE.

Le ministre de l'Instruction
publique et des Cultes,

E. DE PARIEU.

COUR D'APPEL DE PARIS (2ᵉ chambre).

Présidence de M. Delahaye.

Audience du 21 novembre 1850.

Quelque temps avant sa condamnation par contumace par la Cour d'assises de la Seine, mais lorsque déjà la mise en accusation existait, M. Libri a contracté mariage avec Mᵐᵉ veuve Collin, fille de feu M. le docteur Double. Le contract qui règle les conditions civiles de ce mariage, et auquel signèrent M. le prince de Cisterne et M. Guizot, fut passé devant le chancelier de l'ambassade à Londres, le 3 avril 1850, et déposé à Paris, chez Mᵉ Turquet, notaire. Aux termes de ce contract, M. Libri donne à sa femme, séparée de biens, la totalité de son mobilier, de ses livres, manuscrits, etc.

Le séquestre existant et l'arrêt de condamnation prononçant la restitution des objets détournés, Mᵐᵉ Libri réclama à l'administration des domaines la délivrance des autres objets qui, suivant elle, sont sa propriété, aux termes de la convention matrimoniale; mais comme avant cette délivrance un inventaire était indispensable, Mᵐᵉ Libri se fit autoriser, par jugement, à le requérir collectivement avec le domaine.

A la suite de cette autorisation, de nouveaux scellés furent apposés par M. le juge de paix du 11ᵉ arrondissement.

Le 4 novembre, on allait procéder à la levée de ces scellés en présence des notaires de Mᵐᵉ Libri et du domaine, lorsque deux commissaires, MM. Lalanne et Bordier, délégués par M. le ministre de l'Instruction publique, se présentèrent pour assister à l'opération.

Mᵐᵉ Libri crut devoir s'opposer à cette intervention, et refusa de laisser procéder à l'inventaire en présence des commissaires délégués par le ministre.

Un référé fut introduit à cet égard devant M. le Président du tribunal civil; mais, le 9 novembre, une ordonnance rendue par ce magistrat débouta Mᵐᵉ Libri de son opposition dans les termes suivants :

« Nous, Président,

« Attendu qu'à un point de vue d'intérêt public il est nécessaire que l'administration puisse faire mentionner et constater ceux des ouvrages se trouvant sous scellés qui peuvent appartenir à des bibliothèques ou administrations publiques ;

« Disons et ordonnons que, nonobstant la résistance de la dame Libri, les délégués, soit du domaine, soit du ministère de l'Instruction publique, seront reçus à l'opération, et rechercheront et constateront les ouvrages, papiers et documents qui pourraient appartenir à des bibliothèques publiques. »

Mme Libri s'est rendue appelante de cette ordonnance.

Me Henri Celliez, son avocat, a soutenu l'appel; il a d'abord rappelé les conventions matrimoniales intervenues entre M. Libri et sa femme, et l'intérêt pour cette dernière de sauvegarder ses droits.

Arrivant à la discussion de l'ordonnance, l'avocat reconnaît que l'Etat a parfaitement droit d'intervenir, dans un intérêt public, à un inventaire particulier; mais il soutient que, dans l'espèce, les commissaires délégués par M. le ministre de l'Instruction publique ne sont d'aucune utilité, toute constatation ayant été faite précédemment, et que, dans tous les cas, ils doivent être écartés comme suspects, ces commissaires étant les mêmes que ceux nommés à titre d'experts dans l'instruction criminelle; en conséquence, et attendu qu'une action en récusation a été formée contre ces commissaires, Me Henri Celliez demande que Mme Libri soit autorisée à procéder à l'inventaire hors leur présence, ou qu'au moins il soit sursis à l'opération jusqu'après jugement sur la demande en récusation; mais la cour, la plaidoirie de Me Labois, avoué de l'administration, entendue, et sur les conclusions conformes de M. l'avocat général Metzinger, a purement et simplement confirmé la sentence attaquée.

TRIBUNAL CIVIL DE LA SEINE (1re chambre).

Présidence de M. Debelleyme.

Audience du 27 novembre 1850.

Aujourd'hui Mme Libri, qui veut écarter MM. Bordier et Lalanne des opérations de l'inventaire, se présentait devant la 1re chambre du tribunal de la Seine et demandait à faire valoir contre eux divers motifs de récusation. A cet égard, nous nous bornons à donner le texte des conclusions développées à la barre par Me H. Celliez, son avocat; elles sont ainsi conçues :

« Attendu que, par ordonnance de référé, M. le directeur des domaines a été autorisé à se faire assister dans l'inventaire commencé des meubles et livres de M. Libri par deux commissaires-experts, délégués par M. le ministre de l'Instruction publique, afin de rechercher les ouvrages qui pourraient appartenir à des bibliothèques publiques;

« Attendu que M. le receveur des domaines, qui assiste à l'inventaire pour représenter l'administration, a déclaré que les deux experts nommés sont MM. Ludovic Lalanne et Bordier;

« Attendu que la requérante a, par exploit de Brisset, huissier à Paris, signifié à l'administration des domaines qu'elle récusait MM. Bordier et Lalanne, par les motifs énoncés dans ledit exploit avec offre de vérifier par témoins et par pièces ;

« Attendu que, pour que le tribunal puisse mieux apprécier la pertinence de ces motifs, il importe d'indiquer plusieurs détails implicitement compris dans la première énonciation ;

« Donner acte à la requérante de ce qu'elle récuse comme experts MM. Bordier et Lalanne, délégués par le ministre de l'Instruction publique, et ce pour les causes suivantes :

« 1°. Les experts aujourd'hui désignés sont deux de ceux que M. le ministre de l'Instruction publique avait déjà désignés à M. le juge d'instruction, et que ce magistrat avait aussi choisis, et qui ont dressé le rapport sur lequel est fondée l'accusation formulée contre M. Libri, et suivie d'une condamnation par contumace ;

« 2°. Les experts qui ont participé au rapport ont montré dans l'examen des livres et papiers de M. Libri une profonde ignorance ;

« 3°. Ils ont, par ignorance ou par prévention, imaginé des faits qui n'existaient pas, et sur lesquels a été ensuite motivée l'accusation ;

« 4°. Ils ont irrégulièrement procédé à leurs opérations dans l'expertise criminelle, notamment en ne dressant ni inventaire, ni description de pièces, ni procès-verbal régulier et quotidien de leurs opérations ;

« 5°. Ils ont introduit, hors la présence des magistrats, et malgré les réclamations qui leur étaient adressées, des personnes étrangères dans le lieu de l'expertise, qui était le domicile de M. Libri ;

« 6°. Ils ont enlevé sans aucune formalité, très-fréquemment, du lieu de l'expertise, des paquets de livres, de papiers, et introduit dans le même local, également sans aucune formalité, d'autres paquets de livres et de papiers, sans que rien pût servir à constater l'identité des pièces qu'ils emportaient et qu'ils apportaient ainsi par masse, et sans dresser aucun inventaire ;

« 7°. Ils ont détruit par le feu ou autrement une partie notable des pièces ou des papiers confiés ainsi sans inventaire à leur garde, et à l'aide desquels M. Libri aurait pu prouver la légitime provenance des objets incriminés ;

« 8°. Le résultat de ces irrégularités a été très-nuisible aux intérêts de la requérante, en sa qualité de donataire de M. Libri. Un nombre immense de pièces imprimées ou manuscrites, qui faisaient partie de la donation, ont disparu sans laisser aucune trace, sans qu'on en dressât aucun inventaire et sans qu'elles fussent même comptées ;

« 9°. Un des experts a affirmé devant témoins qu'il avait été ainsi enlevé cent mille pièces imprimées ou manuscrites, en bloc et toujours sans inventaire, du domicile de M. Libri, et que, sur ce nombre immense, deux mille à peine avaient pu servir à l'instruction. On ignore ce qu'est devenue cette masse prodigieuse de pièces qui manquent, qui ne sont pas incriminées et qui devraient être remises à la requérante, puisqu'elle en est actuellement véritablement propriétaire. Quelques-uns des objets ainsi enlevés ont passé entre des mains connues, très-irrégulièrement, sans que la justice en eût connaissance, comme cela sera ultérieurement prouvé ;

« Un meuble qui contenait des papiers importants et des valeurs appartenant à M. Libri, a été forcé et ouvert ; ce qu'il contenait a disparu, etc. ;

« Par ces motifs, donner acte à Mme Libri de ce qu'elle offre de prouver ces divers sujets de récusation , etc. (1) »

---

(1) L'insertion de ces conclusions dans la *Gazette des Tribunaux* a donné lieu aux réclamations de MM. Lalanne et Bordier, réclamations qui elles-mêmes ont provoqué la contradiction de M. Celliez. Voici ces deux pièces :

Paris , le 16 décembre 1850.

Monsieur le Rédacteur,

Le 28 novembre dernier, la *Gazette des Tribunaux*, en rendant compte d'un procès intenté à l'administration des domaines, a publié les conclusions déposées dans cette affaire par l'avocat de Mme Libri. Ces conclusions qui contiennent une série d'allégations dirigées contre nous, n'ont point été lues à l'audience et ne sont arrivées à notre connaissance que par leur insertion dans votre journal. Si elles eussent été reproduites en Cour d'appel, elles auraient donné lieu, nous croyons le savoir, de la part du ministère public, à la répression qu'elles méritent ; mais Mme Libri a renoncé, à ce qu'il paraît, à interjeter appel du jugement qui nous maintient comme délégués du ministère de l'Instruction publique, pour assister à l'inventaire des livres et papiers restés au domicile de son mari. Nous vous prions donc de vouloir bien insérer la déclaration suivante :

Tant que M. Libri, qu'un arrêt de la Cour d'assises de la Seine a condamné pour vol a dix années de réclusion, jugera prudent de ne point venir purger sa contumace, nous ne répondrons que par le plus profond mépris aux injures, mensonges et calomnies débités par lui ou en son nom.

Veuillez agréer, etc.

Ludovic LALANNE, Henri BORDIER,
Anciens élèves de l'École des chartes.

Paris, 19 décembre 1850.

Monsieur le Rédacteur,

Je lis seulement aujourd'hui dans la *Gazette des Tribunaux* du 17 décembre, une lettre de MM. Ludovic Lalanne et Henri Bordier, anciens élèves de l'École des chartes, délégués du ministère de l'Instruction publique pour assister à l'inventaire des livres et papiers restés au domicile de M. Libri, et donnés par lui à sa femme. Les signataires de cette lettre, qui ont déjà rempli les fonctions d'experts dans la procédure criminelle suivie contre M. Libri, et sur le rapport desquels ont été successivement rendus l'ordonnance de renvoi à la chambre d'accusation, l'arrêt de renvoi devant la Cour d'assises et l'arrêt de condamnation par contumace, affirment que dans votre compte rendu, publié le 28 novembre, d'un procès intenté par Mme Libri à l'administration des domaines, vous avez inséré des conclusions *qui n'ont point été lues à l'audience*. C'est une erreur qui pourrait porter préjudice à votre réputation d'exactitude et à celle de votre collaborateur chargé de suivre les audiences de la première chambre. J'affirme donc, pour détruire cette erreur dans

M. le Président : Mᶜ Gressier , prenez vos conclusions seulement pour le domaine.

Mᶜ Gressier conclut au rejet de la demande de Mᵐᵉ Libri.

M. Goujet, substitut du procureur de la République, fait remarquer au tribunal qu'il ne s'agit pas d'experts, mais de délégués désignés par M. le ministre de l'Instruction publique; qu'il n'y a pas lieu, par conséquent, à appliquer les règles tracées par le Code civil pour la récusation des experts. Il conclut au rejet de la demande de Mᵐᵉ Libri.

Conformément à ces conclusions, le tribunal déboute Mᵐᵉ Libri de sa demande.

---

l'esprit de vos lecteurs, que ces conclusions, conformes à un pourvoi spécial de Mme Libri, comme le veut la loi, et signifiées à l'administration des domaines, *ont été lues par moi à l'audience, dans leur entier, sans en excepter une ligne.*

Je bornerais là cette rectification, si la lettre de MM. Lalanne et Bordier ne contenait contre ma cliente, si digne de l'intérêt de tous les honnêtes gens, des insinuations que je crois devoir relever. Le ministère public, qui sans doute ne prend pas pour confidents MM. les experts, ne manquerait pas d'exercer la répression contre l'écrit lu à l'audience du tribunal, aussi bien qu'un écrit lu à l'audience de la cour, si cet écrit méritait répression. Mais cet écrit était dans le droit de Mme Libri; il contenait l'expression et l'articulation des motifs réels et sérieux que Mme Libri croit avoir pour récuser, dans la nouvelle expertise, les experts qui ont manifesté si souvent leur hostilité contre son mari, qui ont commis dans leur rapport des erreurs que peut seul expliquer ce sentiment d'hostilité, et qui prennent soin de justifier encore la récusation en continuant, dans leur lettre du 16 décembre, à attaquer M. Libri, malgré le respect que doit inspirer, surtout à ceux qui l'ont poursuivi, un homme condamné par contumace, sans s'être défendu et sans avoir connu l'accusation portée contre lui.

Si MM. les experts sont si jaloux de la répression, nécessitée, disent-ils, par les conclusions lues au nom de Mme Libri, ils peuvent répondre autrement que par le mépris à ce qu'ils appellent des mensonges et des calomnies. L'action en justice leur est ouverte; elle ne peut même être intentée que sur leur initiative. Je sais que Mme Libri ne la redoute pas plus que M. Libri. Seulement alors la preuve sera admise contre les allégations des experts qui ont fondé la condamnation par contumace de M. Libri.

Mes clients sont convaincus que l'admission de cette preuve ferait enfin connaître la vérité sur cette ténébreuse et douloureuse affaire. Ils n'ont cessé de l'offrir à la justice; ils ont commencé à la produire devant l'opinion publique, et ils espèrent bien la compléter tôt ou tard, de toutes les manières. Il ne manque pas de gens persuadés de l'innocence de M. Libri, qui les y aideront de tout leur pouvoir.

Veuillez agréer, etc.

Henri CELLIEZ,
Avocat à la Cour d'appel.

ÉDITIONS ELZEVIRIENNES.

Le Jardin des roses de la vallée des larmes, traduit du latin par J. CHENU. *Paris, 1850,* pet. in-12 de 72 pages, *tiré à* **110** *exemplaires.*
PRIX : 1 ex. sur peau de vélin, » fr.
— 2 ex. sur papier de Chine, 15 fr.
— 2 ex. sur papier vélin lilas, 15 fr.
— 5 ex. sur papier vélin vert, 10 fr.
— 100 ex. sur papier de Hollande, 6 fr.

Ce charmant volume est une imitation parfaite des éditions publiées par les Elzevirs et offre un recueil très-varié de têtes de pages, lettres grises et culs-de-lampe employés par ces célèbres typographes. C'est un bijou à ajouter à toute collection elzevirienne. Le libraire Techener s'est rendu acquéreur des quelques exemplaires qui restent de cette édition, et en a porté le prix à 6 fr. au lieu de 5 fr.

Les Œuvres et les Jours d'Hésiode, traduction nouvelle par le même. *Paris,* 1844, pet. in-12 elzevirien, papier de Hollande (*tirage à* **100** *exempl.*). Prix... 5 fr.

Il ne reste que quelques exemplaires de cette fidèle et élégante traduction.

La première leçon des matines ordinaires du grand abbé des conardz de Rouen, souuerain monarcque de lordre : contre la response faicte par vng corneur à lapologie dudict abbé. *Paris,* 1848, pet. in-12 elzevirien. Prix... 10 fr.

Charmante brochure de 12 pages d'impression, avec les têtes de pages, lettres grises et culs-de-lampe des éditions elzeviriennes, tirée à 18 exemplaires qui vont bientôt être épuisés.

Le Cochon mitré. *Paris,* 1850, pet. in-12 elzev., *tiré à* **110** *exempl.*
PRIX : 1 ex. sur peau de vélin, » fr. — 4 ex. sur papier de Chine, 10 fr.
— 5 ex. sur papier vélin rose, 8 fr. — 100 ex. sur papier de Hollande... 3 fr. 60 c.

Cette réimpression, imitation parfaite des éditions elzeviriennes dont elle reproduit les ornements, est précédée d'une dissertation de M. Leber sur l'auteur du *Cochon mitré.*

Éléments de l'Univers : Mouvement et situation des corps célestes ; Phénomènes qui se forment ou qui apparaissent dans l'air ; Aspect naturel de la Terre ; Description des eaux ; Structure et composition du Globe : — *Mosaïque* recueillie par A. LUCAS. — Un vol. grand in-18. Prix.. 2 fr.

Tableau synchronique de la vie et des ouvrages de M. T. Cicéron ; par A. LUCAS. 56 pages in-8° à 2 colonnes, caractères microscopiques. Prix... 2 fr.

PIÈCES RELATIVES A L'AFFAIRE LIBRI.

Rapport de M. Boucly, suivi du procès intenté par M. Libri contre les gérants du *Moniteur universel* et du *National. Paris,* 1850, piqûre in-8° *tirée* à 200 *ex.* Prix... 1 fr.

Aux lecteurs du bulletin scientifique du *National,* article de M. Terrien, extrait du journal *le National,* n° du 18 mai 1849. *Paris,* 1850, piqûre in-8° *tirée* à 200 *ex.* Prix... 90 c.

M. Libri, *le National* et *le Moniteur,* article extrait de *l'Assemblée nationale,* n° du 14 sept. 1849, suivi d'une Lettre de M. Libri au Rédacteur de ce journal. *Paris,* 1850, piqûre in-8° *tirée* à 200 *ex.* Prix.... 90 c.

Bibliothèque de M. Guill. Libri; — Archives et Bibliothèques de France;
par M. le baron de Reiffenberg (Extrait du *Bulletin du Bibliophile belge*).
4 pages in-8º *tirées à* 200 *ex.* Prix...................................... 30 c.

Observations du Conservatoire de la Bibliothèque nationale
au Ministre de l'Instruction publique, sur une brochure de M. Jubinal,
relative à un autographe de Montaigne; avec une Réponse de M. Paulin
Paris. *Paris*, 1850, piqûre in-8º *tirée à* 200 *ex.* Prix............. 75 c.

Réponse de M. Achille Jubinal aux Observations du Conservatoire
de la Bibliothèque nationale. *Paris*, 1850, piqûre in-8º *tirée à* 300 *ex.*
Prix.. 60 c.

Lettre de M. Libri à M. le Ministre de la Justice, suivie d'une Lettre
du même à M. F****, à Paris. *Paris*, 1850, piqûre in-8º *tirée à* 200 *ex.*
Prix.. 90 c.

Acte d'accusation contre Libri-Carrucci. *Paris*, 1850, brochure
in-8º *tirée à* 200 *ex.* Prix....................................... 2 fr. 50 c.

Affaire Libri (Arrêts, Décrets et Ordonnances relatifs à l'). 4 pages
in-8º *tirées à* 200 *ex.* Prix...................................... 30 c.

———————————— (Suite des Arrêts, Décrets et Ordonnances relatifs à l').
Paris, 1851, piqûre in-8º *tirée à* 200 *ex.* Prix................. 60 c.

M. Libri *et les Journaux anglais. Paris*, 1851, piqûre in-8º *tirée*
à 200 *ex.* Prix... 60 c.

PARIS. — TYPOGRAPHIE PANCKOUCKE RUE DES POITEVINS, 8 ET 14.